Phronesis Editore – 90121 Palermo
Collana THOMISTICA
https://phronesis.it/
phronesis.editore@gmail.com
II° Edizione 2021

Adriano Virgili

L'ESISTENZA DI DIO

Un argomento tomistico

PHRONESIS EDITORE

*Alla memoria di Leonardo Casini,
amico e maestro, che per primo
mi invitò a studiare san Tommaso*

Indice

Sigle e abbreviazioni

DH
Enchiridion symbolorum, definitionum et declarationum de rebus fidei et morum.

SUMMA THEOL
Summa Theologiae

CONTRA GENT.
Summa Contra Gentiles

I SENT.
Libro I del Commento alle Sentenze di Pietro Lombardo

QUODL.
Quodlibetum

DE POT.
Quaestio disputata de Potentia

DE AN.
Quaestio disputata De Anima

DE NAT. ACC.
De Natura Accidentis

SUB. SEP.
De Subastantiis Separatis seu de Angelorum Natura

COMP. THEOL
Compendium Theologiae

IN DIV. NOM.
Commentarius in Dionysium De Divini Nominibus

La conoscenza razionale di Dio

Secondo l'apostolo Paolo le perfezioni invisibili di Dio "vengono contemplate e comprese dalla creazione del mondo attraverso le opere da lui compiute" [Rm 1,20]. Nello scrivere ciò questi riprendeva una posizione già nota alla tradizione ebraica [Sap 13,1-9; Sal 19,1-4; Sir 42,15-43,33] che vuole che l'esistenza di Dio possa essere conosciuta non solo attraverso la divina Rivelazione, ma anche dalla nuda ragione.

Il suddetto insegnamento paolino fu fatto ovviamente proprio dai primi cristiani, i quali osservarono come ci sia un consenso generale tra i vari popoli rispetto all'esistenza di una Divinità suprema e come, in effetti, alcuni filosofi pagani avessero offerto argomenti atti a dimostrarne l'esistenza. Col passare del tempo, poi, gli stessi teologi e filosofi cristiani svilupparono via via dei propri argomenti razionali per dimostrare l'esistenza di Dio ed i suoi attributi.

Tutto ciò ha infine condotto la Chiesa Cattolica a definire solennemente nel Concilio Vaticano I il dogma secondo cui "Dio, principio e fine di ogni cosa, può essere conosciuto con certezza mediante la luce naturale della ragione umana a partire dalle cose create" [DH 3004]. Nella nostra epoca, così intrisa di scetticismo, un tale insegnamento può sembrare ai più decisamente incredibile. Lo scopo di questo capitolo introduttivo è quindi quello di chiarire la natura e l'estensione della conoscenza di Dio così come può essere ottenuta tramite l'uso della sola ragione.

L'insegnamento cattolico secondo cui Dio può essere conosciuto tramite la ragione si presta a parecchi fraintendimenti. Sostenendo ciò la Chiesa non vuole affermare che l'esistenza di Dio sia un qualcosa di ovvio e innegabile, così come non vuole affermare che questa possa essere provata tramite il metodo scientifico. Allo stesso modo, la Chiesa non asserisce che c'è uno speciale argomento filosofico capace di convincere chiunque in modo infallibile dell'esistenza di Dio. Il Magistero vuole solo indicare come la ragione sia aperta a tutta la realtà, in tutti i suoi aspetti, cercando di andare al di là di quanto possono insegnare le scienze cosiddette esatte, alla ricerca del significato di ogni cosa, riuscendo, entro determinati limiti, anche a conseguirlo. La Chiesa inoltre comprende come, allo stesso modo di tutte le forme di conoscenza naturale, la conoscenza di Dio tramite la ragione abbia un andamento progressivo sia negli individui che nelle società e nelle culture nel loro complesso, e come, di conseguenza, vi siano forme più o meno sviluppate della suddetta a seconda delle condizioni in cui gli uomini vivono e crescono. Così, la Chiesa riconosce anche come vi siano molti ostacoli che impediscono a parecchie persone di conseguire la forma più piena della conoscenza naturale di Dio, da cui il dilagare dello scetticismo a tale riguardo, il quale quindi non è in contraddizione con l'insegnamento succitato. Difatti, il corretto uso della ragione, in questo come in altri ambiti, può essere impedito dalle condizioni avverse in cui il singolo si trova a dover vivere.

Quali sono le condizioni che rendono la conoscenza naturale di Dio più o meno raggiungibile? Dove l'attitudine intellettuale si congiunge all'interesse, al tempo da dedicare alla contemplazione e alla volontà di adorare Dio una volta che lo si sia conosciuto, come è storicamente accaduto per alcuni filosofi pagani, la sua conoscenza naturale si afferma con forza e cresce in forme sempre più perfette. Dove queste condizioni vengono a mancare, la conoscenza naturale di Dio, almeno nelle sue forme più alte, può trovare ostacoli insormontabili rispetto alla sua affermazione. C'è poi da considerare il fatto che la condizione decaduta del genere umano a seguito del peccato originale rappresenta un ulteriore, terribile ostacolo. Come ha scritto infatti papa Pio XII: "sebbene la ragione umana, per dirla semplicemente, con le sole sue forze e la sua luce naturale possa realmente pervenire ad una conoscenza vera e certa di un Dio personale, il quale con la sua Provvidenza si prende cura del mondo e lo governa, come pure di una legge naturale inscritta dal Creatore nelle nostre anime, tuttavia la stessa ragione incontra non poche difficoltà ad usare efficacemente e con frutto questa sua capacità naturale. Infatti le verità che concernono Dio e riguardano i rapporti che intercorrono tra gli uomini e Dio, trascendono assolutamente l'ordine delle cose sensibili, e, quando devono tradursi in azioni e informare la vita, esigono devoto assenso e la rinuncia a se stessi. Lo spirito umano, infatti, nella ricerca intorno a tali verità, viene a trovarsi in difficoltà sotto l'influsso dei sensi e della immaginazione ed anche a causa delle tendenze malsane nate dal peccato originale. Da ciò consegue che gli uomini facilmente si persuadono, in tali argomenti, che è falso o quanto meno dubbio ciò che essi non vorrebbero che fosse vero" [*Lett. enc. Humani generis:* DH 3875]

Si potrebbe aggiungere che in una cultura che, come la nostra, ha fatto dello scetticismo in merito alla capacità della ragione umana di raggiungere delle verità d'ordine metafisico quasi una sorta di dogma laico e dove la teologia razionale ed i suoi argomenti sono stati rifiutati per generazioni, la possibilità per i singoli di raggiungere una conoscenza naturale di Dio sarà decisamente compromessa. Ecco perché, mai come ora, è possibile dare ragione a san Tommaso d'Aquino, il quale ha asserito che la conoscenza razionale di Dio non è accessibile se non a pochi, dopo lungo tempo e non senza errori [*Summa Theol.*, I, q. 1, a. 1].

Possiamo distinguere grossomodo due modi di conoscere Dio razionalmente: uno pre-filosofico ed uno filosofico.

Tutti gli uomini hanno una conoscenza pre-filosofica di Dio. La consapevolezza dell'esistenza di un Ente supremo sorge in modo spontaneo nella mente di ognuno di noi nel momento in cui cominciamo a formarci una qualche conoscenza del mondo in cui viviamo. Si tratta di una conoscenza assai generica e confusa, di natura talmente primordiale che non è detto nemmeno che il singolo individuo sia davvero cosciente del fatto stesso di conoscere Dio. Si può, infatti, conoscere Dio senza nemmeno rendersene conto, in quanto lo si conosce sotto altre vesti. Tommaso d'Aquino descrive due modi in cui è possibile avere questa conoscenza pre-filosofica di Dio.

In relazione al primo modo, scrive il Dottore Angelico: "È vero che noi abbiamo naturalmente una conoscenza generale e confusa dell'esistenza di Dio, in quanto cioè Dio è la felicità dell'uomo: poiché l'uomo desidera naturalmente la felicità, e ciò che è naturalmente desiderato dall'uomo è anche da lui naturalmente conosciuto. Ma ciò non è propriamente un conoscere che Dio esiste, come non è conoscere Pietro il vedere che qualcuno viene, sebbene chi viene sia proprio Pietro: molti infatti pensano che il bene perfetto dell'uomo, cioè la felicità, consista nelle ricchezze, altri nei piaceri, altri in qualche altra cosa" [*Summa Theol.*, I, q. 2, a.1]. Tutti gli esseri umani hanno una certa nozione del bene, anche se non sono in grado di definirlo; è la stessa cosa con la felicità. Tutti abbiamo una qualche idea di che cosa sia la felicità, anche se non sappiamo esattamente in che cosa consista. Sappiamo altresì che il bene e la felicità sono reali. Il semplice fatto di sapere che ci sono il bene e la felicità (per quanto magari li consideriamo irraggiungibili) significa che conosciamo Dio. Potremmo dire che conosciamo Dio sotto le spoglie del bene e della felicità anziché distintamente in quanto Dio. Come ho riportato sopra, Tommaso dice che questo tipo di conoscenza è simile a quella che abbiamo di qualcuno che scorgiamo avvicinarsi in lontananza, senza sapere che chi si sta avvicinando è un nostro amico.

Il secondo modo in cui si può avere una conoscenza pre-filosofica di Dio deriva dall'ordine che scorgiamo nel mondo. Scrive san Tommaso: "Esiste infatti una conoscenza di Dio generica e confusa che si incontra in quasi tutti gli uomini; [...] perché con la ragione naturale l'uomo può subito raggiungere una certa conoscenza di Dio. Gli uomini infatti vedendo che gli esseri corporei si muovono secondo un ordine definito, e non essendoci ordine senza un ordinatore, per lo più intuiscono l'esistenza di un ordinatore delle cose che vedono. Chi sia però, e quale natura abbia l'ordinatore della natura, se sia uno o molteplice, non appare subito da questa considerazione comune" [*Contra Gent.*, III, c. 36]. Quando l'uomo osserva la bellezza, l'ordine e l'armonia del mondo nel suo complesso si forma generalmente l'idea che ci deve essere un qualche fondamento per tutto questo. In questo senso l'uomo conosce Dio in qualità di fondamento del reale, ma non esplicitamente in quanto Dio. Il fondamento in quanto tale rimane un mistero da indagare, ma perlomeno l'uomo sa che c'è un fondamento.

In senso generale, la conoscenza prefilosofica di Dio, proprio per il fatto di essere per molti versi misteriosa e problematica, è il punto di partenza della riflessione filosofica attorno al medesimo oggetto. Spinto dall'innato desiderio di comprendere, avendo già una tale conoscenza primordiale di Dio, l'uomo può sforzarsi di elaborare argomenti filosofici riguardo alla sua esistenza, nel tentativo di averne una conoscenza più precisa e più salda.

La conoscenza filosofica di Dio si articola in diversi gradi di completezza e di rigore. L'uomo, in quanto ente razionale, non può rimanere soddisfatto dalla sua conoscenza prefilosofica di Dio, pertanto molti sono stati storicamente spinti ad indagare il problema di Dio per farsene un'idea più chiara e più certa. Il processo di approfondimento della conoscenza filosofica di Dio avanza a seconda delle capacità intellettuali, del tempo a disposizione e del diverso grado di interesse che tale tema esercita nei singoli individui. Così è facile che molti facciano propri alcuni dei più popolari e semplici argomenti a tale riguardo, sul genere "tutto ha una causa, ma non si può procedere all'infinito nella serie delle cause, per cui ci deve essere una prima causa, che è Dio" oppure "tutto quanto è ordinato è tale in ragione dell'opera di un ordinatore, l'universo è un insieme ordinato di enti, per cui esiste un ordinatore dell'universo, il quale è Dio". Questi argomenti rappresentano i primissimi tentativi di esprimere in modo razionale l'intuizione profonda che ognuno di noi possiede relativamente al significato ultimo di tutte le cose. Si tratta di argomenti rudimentali che prestano facilmente il fianco alle critiche di coloro che dispongono di un'abilità filosofica anche leggermente migliore di quella di cui dispone chi li propugna. Un critico potrebbe infatti obiettare che, se tutto ha una causa, allora anche Dio dovrà avere una causa. Un altro critico potrebbe invece obiettare che, per quanto il mondo sembri ordinato, non è detto che lo sia realmente (in quanto l'ordine potrebbe essere solo apparente) e che l'argomento che fa perno su di questo per dimostrare l'esistenza di Dio, in realtà, non fa che presupporla invece che provarla.

Anche per poter rispondere efficacemente a questo genere di obiezioni, diversi pensatori si sono impegnati lungo i secoli nel tentativo di elaborare argomenti rigorosi a favore dell'esistenza di Dio. Ne è nata quella disciplina filosofica che è detta "teologia razionale". Uno dei più insigni cultori di questa branca della filosofia è stato senza dubbio san Tommaso d'Aquino. Famose ed ancora molto apprezzate e discusse sono le sue *cinque vie* esposte al principio della *Somma Teologica* [*Summa Theol.* I, q. 2, a. 2]. In questo volumetto ci occuperemo però di un'altra prova dell'esistenza di Dio elaborata dall'Aquinate, una prova che viene da questi esposta nel capitolo IV della sua opera giovanile *L'ente e l'essenza*. Si tratta di un argomento a nostro avviso estremamente rigoroso ed efficace, il quale però non ha ottenuto durante i secoli l'attenzione che meriterebbe; un argomento dal respiro eminentemente metafisico, che, a dispetto delle succitate *cinque vie* (che il Nostro, pur perfezionandole, riprese tutte da autori a lui precedenti), si presenta come un contributo originalissimo di Tommaso alla teologia razionale e che può a tutti gli effetti essere quindi identificato come un *argomento tomistico* nel senso più schietto e letterale dell'espressione.

La prova si articola in due passaggi distinti: nel primo viene stabilita in modo rigoroso la distinzione in tutti gli enti finiti tra essere ed essenza, nel secondo si dimostra come il fatto che ci siano degli enti la cui essenza non corrisponde all'essere implica l'esistenza di un ente che invece è il puro essere o essere sussistente, il quale è la causa prima di tutto quanto esiste: un ente identificabile con Dio.

Nel secondo capitolo di questo opuscolo esporremo il primo passaggio della prova, riportando e commentando il testo di san Tommaso. Nel terzo capitolo, sempre riportando e commentando il testo tomistico, ci si occuperà invece del secondo passaggio della medesima. Nel quarto capitolo si discuteranno alcune possibili obiezioni che si potrebbero muovere all'argomento tomistico ed ai concetti in questo implicati. Nel quinto capitolo, infine, mostreremo, mediante opportune citazioni tomistiche, come l'ente di cui la prova ci dimostra l'esistenza goda di tutti i principali attributi generalmente attributi al Dio delle grandi religioni monoteistiche, potendo pertanto con questo essere identificato.

La distinzione reale tra essere ed essenza

Come accennavamo sopra, l'argomento prende le mosse dalla distinzione reale tra *essere* ed *essenza*. Ecco come nel testo de *L'ente e l'essenza* Tommaso argomenta a favore della medesima:

> *"Tutto ciò che non è [proprio] del concetto dell'essenza o della quiddità, è proveniente dal di fuori e si compone con l'essenza; poiché nessuna essenza può essere intesa senza quelle che sono le parti dell'essenza. Ora, ogni essenza o quiddità può essere intesa senza che s'intenda qualcosa del suo essere; posso infatti intendere che cosa è l'uomo o la fenice, e tuttavia ignorare se esistono in natura. È chiaro dunque che l'essere è altro dall'essenza o dalla quiddità, a meno che non ci sia qualche cosa la cui quiddità sia lo stesso suo essere; e questa cosa non può essere che unica e prima; poiché è impossibile che vi sia una moltiplicazione di qualche cosa se non per l'aggiunta di qualche differenza, come si*

moltiplica la natura del genere nelle specie, o perché la forma viene ricevuta in diverse materie, come viene moltiplicata la natura della specie nei diversi individui; o perché una cosa è assoluta, e l'altra ricevuta in qualche cosa; come, se vi fosse un calore separato, sarebbe altro dal calore non separato per la sua stessa separazione. Se invece si pone una qualche realtà che sia soltanto essere, in modo che lo stesso essere sia sussistente, questo essere non riceverà l'aggiunta di una differenza, poiché allora non sarebbe soltanto essere, ma essere e oltre a ciò una qualche forma; e molto meno riceverà l'aggiunta di [una] materia, poiché allora sarebbe un essere non sussistente, bensì materiale. Per cui resta che la realtà che è il suo essere non può essere che unica. Bisogna, quindi, che in qualsiasi altra realtà, al di fuori di essa, altro sia il suo essere, e altro la sua quiddità, o natura, o forma. Perciò è necessario che nelle intelligenze vi sia l'essere oltre la forma; e per questo si è detto che l'intelligenza è forma ed essere."

L'argomento di san Tommaso inizia richiamando due dei sensi possibili del termine "essenza". L'essenza è ciò che negli enti fa sì che questi possano essere conosciuti dall'intelletto, ciò in ragione di cui questi sono intellegibili; l'essenza, intesa come "quiddità", è ciò che negli enti fornisce una risposta alla domanda "Che cosa è questo?", vale a dire ciò che è racchiuso nella definizione dell'ente stesso: ciò che è incluso nella definizione, infatti, è quanto appartiene all'essenza o natura di una cosa considerata nel suo insieme e in senso assoluto.

Chiaramente, conoscere la definizione di un qualcosa non significa sapere se questo esista o meno. Sapere che un uomo è "un animale razionale" non significa sapere se esistano uomini nel mondo reale. La definizione ci dice che un uomo è un qualcosa di composto di carne, di ossa e di un'anima razionale. Conoscere questo, però, non significa conoscere se esista un uomo in carne, ossa ed anima da qualche parte nel mondo reale.

È importante qui non fare però confusione, Tommaso non vuole dire che chi conosce che cosa è un uomo non sa che ci sono degli uomini nel mondo reale; quello che vuole dire è che chi conosce che cosa è un uomo non sa che in effetti esistono degli uomini in ragione di questa conoscenza. La sua conoscenza relativa all'eventuale esistenza reale di uomini deriverà quindi da qualche altra parte, vale a dire dai suoi sensi, i quali gli testimoniano che esistono degli uomini là fuori nel mondo reale. In verità, siccome la nostra stessa conoscenza di che cos'è un uomo deriva dalla nostra esperienza sensoriale degli uomini realmente esistenti, è chiaro che noi sappiamo dell'esistenza degli uomini prima ancora di avere una qualche conoscenza della loro essenza, in linea di principio, però, potremmo avere conoscenza (sia pur parziale) dell'essenza dell'uomo, senza sapere se ci siano o meno degli uomini realmente esistenti.

Quanto sopra può essere riassunto nel modo che segue: sapendo che cosa è un uomo non sappiamo se ci siano realmente degli uomini. Il che è quanto san Tommaso ci vuole dire quando scrive: "ogni essenza o quiddità può essere intesa senza che s'intenda qualcosa del suo essere; posso infatti intendere che cosa è l'uomo o la fenice, e tuttavia ignorare se esistono in natura". Così, l'essere di questa o quella sostanza individuale non appartiene alla sua essenza considerata in senso assoluto, cioè in quanto essenza.

È interessante notare come avendoci dato un esempio tratto dalla nostra esperienza comune, l'uomo, san Tommaso aggiunga un altro esempio che non ha nulla a che fare con la nostra esperienza: la fenice, vale a dire un animale di pura fantasia. Egli fa probabilmente questo proprio per sottolineare come non faccia alcuna differenza, dal momento in cui ci limitiamo a considerare l'essenza di una cosa, se questa sia reale o meno. Dal punto di vista in cui li stiamo prendendo in considerazione, infatti, l'uomo e la fenice sono simili, in quanto per entrambi noi non possiamo sapere se esistano o meno a partire dalla loro essenza. Che la fenice sia un animale di fantasia e, pertanto, non esista nel mondo reale non dipende dalla sua essenza, come non dipende dall'essenza dell'uomo che nel mondo reale ci siano degli uomini.

Sapere che cosa una qualsiasi cosa sia non implica, per il fatto stesso di saperlo, sapere se questa cosa sia, anche se possiamo saperlo in un altro modo. L'essere è una cosa e l'essenza è un'altra. L'essere quindi si congiunge all'essenza *per accidens*, ad eccezione eventualmente nel caso in cui esista un ente la cui essenza corrisponda all'essere e alla cui essenza, pertanto, l'essere appartenga *in se*. Forse è superfluo specificarlo, ma quello che qui si sta asserendo non è che in qualche modo l'essere si aggiunga all'essenza così come un accidente si aggiunge ad una sostanza, l'essere non si aggiunge all'essenza così come la bianchezza si aggiunge ad un uomo, in quanto, nel caso della sostanza e dell'accidente, l'accidente partecipa dell'essere della sostanza e lo presuppone, dove, invece, senza l'essere un'essenza è il puro nulla. L'essere ha con l'essenza delle cose esistenti un rapporto che possiamo definire *per accidens* in quanto le è estraneo.

Per chiarire ciò che abbiamo appena detto, è possibile notare quanto segue:

Per quanto l'essere appartenga *per accidens* all'essenza delle sostanze esistenti (ad eccezione di Dio), nel senso che non è una parte di quello che queste sono, c'è comunque un senso in cui l'essere può anche essere detto appartenente all'essenza *in se*, appunto però non come contenuto dell'essenza, che è ciò a cui propriamente si congiunge l'essere. Gli enti esistono in quanto hanno un'essenza che ne delimita l'essere, un'essenza che fa sì che questi siano una cosa anziché un'altra. In questo senso, l'essere è collegato ad un qualcosa munito di essenza così come il mutamento è collegato a ciò che muta.

Dire che l'essere è altro dall'essenza significa dire che l'esistenza non è una parte né il tutto di quello che un ente è. Tale verità è confermata dai sensi, in quanto questi ci mostrano come le cose inizino ad essere e poi cessino di essere. Se l'essere fosse una parte o il tutto di quello che un ente è, vale a dire della sua essenza, tale ente non potrebbe cominciare ad essere o smettere di essere, ma sempre sarebbe.

Ci si potrebbe domandare perché a questo punto san Tommaso introduca l'idea di un qualcosa la cui essenza sia il suo stesso essere, una cosa cioè il cui tutto sia l'essere, anziché un qualcosa che abbia l'essere come parte della sua essenza. La risposta è abbastanza semplice, ecco perché forse il Nostro sembra darla per scontata. Parlare dell'essere come di una parte dell'essenza non ha molto senso, in quanto se appunto l'essere fosse semplicemente una parte dell'essenza ci si dovrebbe chiedere di che cosa sarebbero fatte le altre parti di questa. Qualsiasi cosa queste altre parti fossero, dovrebbero essere qualificate come non-essere, altrimenti sarebbero indistinguibili dall'essere. È, crediamo, abbastanza ovvio che il non-essere non può essere una parte di un qualcosa che è. Pertanto dire che l'essere è una parte di quello che una cosa è implica che l'essere sia tutto quello che una cosa è. Questo ragionamento chiarisce anche quanto asserito poco sopra. Se l'essere fosse parte dell'essenza di un qualcosa, allora questo qualcosa sarebbe l'essere; se l'essere appartenesse all'essenza di un uomo, allora l'essenza di un uomo sarebbe il puro essere, ma l'uomo non è puro essere, bensì un animale razionale, un essere vivente fatto di carne, ossa ed un'anima razionale.

A questo punto è necessario chiedersi se la distinzione tra essere ed essenza fino a qui stabilita da san Tommaso sia di tipo ontologico, vale a dire se si tratti di una distinzione reale. Ma che cosa si intende in questo ambito per "distinzione reale"? Nel linguaggio ordinario si dice che due cose sono realmente distinte se si distinguono come fanno due sostanze, vale a dire nel modo in cui Socrate è distinto da Platone o nel modo in cui il libro che stiamo leggendo è distinto dalla lampada alla luce della quale lo stiamo leggendo. La distinzione tra l'essere e l'essenza non potrà però essere di questo tipo, in quanto entrambi concorrono a costituire le cose che esistono: le cose che esistono in quanto hanno essere ed essenza. La distinzione reale tra essere ed essenza non sarà quindi del genere di quella che incontriamo tra sostanze, ma sul tipo di quella che incontriamo tra i polmoni ed il respiro o il cuore ed il battito cardiaco. È evidente che stiamo parlando, infatti, di cose realmente distinte (il cuore non è il suo battito ed i polmoni non sono il respiro), anche se non di sostanze distinte. Chiarito quanto sopra c'è da notare che la distinzione fino a qui guadagnata nel testo di Tommaso tra essere ed essenza non è però ancora di tipo reale, se non implicitamente (come si evince, crediamo, da quanto esposto poco sopra). Ecco perché l'argomento continua con un secondo passaggio atto a dimostrare che in effetti lo è.

Se, infatti, esiste un ente la cui essenza corrisponde all'essere, questo non potrà che essere unico. Due cose vanno notate a proposito di questa affermazione di san Tommaso. La prima è che egli non sta dicendo che una tal cosa esiste, ma che "se" una tal cosa esiste, allora non può che essere una. Il procedimento è ancora di tipo assolutamente ipotetico. Lo scopo è dimostrate che ci può essere una sola cosa di questo genere, in modo da dedurne che per tutte le altre cose l'essere e l'essenza dovranno essere necessariamente e realmente distinte. La seconda cosa da notare è che ciò la cui essenza è l'essere viene spesso designato da Tommaso come un qualcosa che è puro essere o essere separato o essere sussistente.

L'argomento procede. Ci sono tre modi differenti in cui un qualcosa possa essere moltiplicato: aggiungendovi una differenza, così come un genere si moltiplica nelle varie specie mediante le differenze; essendo ricevuto in diverse porzioni di materia, come una specie si moltiplica negli individui (come le molecole d'acqua che, pur essendo essenzialmente identiche, si distinguono materialmente); quando si diano due istanze di una cosa in cui in un caso questa sia a sé stante e nell'altro sia ricevuta in qualcosa, come nell'ipotetico scenario in cui il calore potesse esistere per proprio conto e fosse ricevuto da un corpo riscaldato.

In quale dei modi suindicati un qualcosa che fosse puro essere potrebbe essere moltiplicato? Aggiungendovi una differenza (come nella prima forma di moltiplicazione), si otterrebbero diversi esseri (enti), ma non una pluralità di esseri puri. Ogni membro della pluralità, infatti, sarebbe l'essere più un qualcosa atto a distinguerlo dagli altri membri della stessa, e pertanto non sarebbe più il puro essere, così come ogni specie appartenente ad un genere è il genere più una differenza specifica. Se il puro essere fosse ricevuto in diverse porzioni di materia, sarebbe moltiplicato nelle diverse porzioni di materia. Ma in questo caso non si tratterebbe più dell'essere sussistente, del puro essere, ma dell'essere più una determinata porzione di materia. Se ci fosse un qualcosa che fosse il puro essere potrebbe, invece, essere moltiplicato in quanto ricevuto da altre cose, ma questo non incrinerebbe la sua unicità, in quanto in queste altre cose l'essere sarebbe ricevuto in qualcosa da questo differente (anche qui, probabilmente, Tommaso ritiene la cosa abbastanza scontata, tanto da non prendersi il disturbo di menzionarla). Ne risulta che ci può essere solo una cosa la cui essenza corrisponda all'essere e che, di conseguenza, in tutte le altre cose c'è sempre una distinzione reale tra essere ed essenza.

Un'obiezione che si potrebbe muovere a questa argomentazione è che Tommaso non ci ha dimostrato che non ci sono altri modi in cui un qualcosa possa essere moltiplicato e che, pertanto, le tre forme di moltiplicazione da lui prese in esame siano tutte le forme di moltiplicazione possibili. Ora, però, dato e non concesso che possano esservi altri modi in cui un qualcosa possa essere moltiplicato oltre a quelli presi qui in esame, l'essere non potrà essere trovato nei vari membri della pluralità in modo puro, senza alcuna commistione. Ci dovrà essere, infatti, un qualcosa atto a distinguere i singoli membri della pluralità gli uni dagli altri, altrimenti questi non potrebbero distinguersi gli uni dagli altri e dalla cosa stessa che attraverso di essi si moltiplica. Poniamo a puro titolo di ipotesi che vi siano più di un essere puro; mettiamo due. Ci dovrebbe essere un qualcosa a differenziare questi due "puri esseri". Ma tale differenza sarebbe per principio impossibile, in quanto l'unica cosa che si contrappone all'essere è il non essere, per cui uno dei due "puri esseri" si ritroverebbe ad essere un qualcosa di assolutamente contraddittorio come l'essere che non è. Di conseguenza non può che esservi un solo puro essere, un solo essere sussistente, ed in tutte le altre cose l'essenza dovrà essere realmente distinta dall'essere.

Quanto appena detto ci dà lo spunto per una breve digressione atta a permetterci di mostrare la reale portata metafisica della distinzione reale tra essere ed essenza qui individuata da Tommaso. Quanto si dirà nelle righe che seguono tornerà molto utile nel prosieguo della trattazione, specie nell'ultimo capitolo, quando si affronterà il tema degli attributi di Dio.

La cosa forse più comune nel mondo di cui facciamo esperienza è il mutamento. Tutto attorno a noi e dentro di noi muta, si muove. Le foglie che cadono dagli alberi, il vento che ne scuote i rami, lo sciogliersi delle nevi in primavera, il susseguirsi dei nostri pensieri e delle nostre azioni, ecc. Tutto ciò, però, sembra essere in contraddizione con l'essere delle cose. Quello che diviene, infatti, non è ancora; quello che già è non può divenire ciò che già è.

Per venire a capo di questo problema, agli albori della storia della filosofia, furono elaborate due opposte soluzioni. Parmenide, per affermare l'essere delle cose, negò il divenire, dichiarandolo pura illusione dei sensi. L'ente (ciò che è) è non solo unico e immoltiplicabile, ma immutabile ed eterno: molteplicità e mutabilità sono solo apparenti. Eraclito invece, per affermare il divenire delle cose, ne negò l'essere. La realtà delle cose non è che movimento, un farsi continuo, un puro divenire, senza soggetto e senza causa, senza principio e senza fine. L'essere, come qualche cosa di stabile e permanente, è una finzione della nostra mente.

A risolvere questa antinomia pensò Aristotele: il mutamento non è il passaggio dal puro nulla all'essere, ma è il passaggio dall'essere in potenza all'essere in atto. Il ghiaccio (solido) è in potenza acqua (liquido) e lo sciogliersi del ghiaccio è un passare dalla potenza all'atto. Il diventare acqua è una delle cose che possono capitare al ghiaccio, o meglio: l'essere solida (sotto forma di ghiaccio) e l'essere liquida sono cose che possono capitare all'acqua. Ogni cosa che muta, quindi, è un composto di atto e potenza.

Nel divenire dell'acqua da solida (ghiaccio) a liquida c'è un qualcosa che permane ed un qualcosa che cambia; il soggetto che permane sotto (*quod substat*) queste mutazioni viene detto sostanza, mentre quel che di nuovo vi si aggiunge (*quod accidit*) viene detto accidente. Che la sostanza e l'accidente siano due realtà distinte si evince dal fatto che l'acqua rimane tale a prescindere dal fatto che sia solida o liquida. Ora, se la sostanza esiste per proprio conto, l'accidente esiste solo in quanto inerisce ad una sostanza: la liquidità e la solidità non esistono se non in quanto stati dell'acqua (o di altre sostanze).

Sempre nell'ambito della distinzione tra essere in potenza ed essere in atto rientra quella tra materia e forma, la quale ci viene manifestata in modo preminente dalle mutazioni non semplicemente accidentali, ma sostanziali, che penetrano cioè nella natura stessa del soggetto. Anche in tali mutazioni vi è necessariamente un più profondo sostrato che permane, che Aristotele identifica con la materia prima (distinta dalla materia seconda, la sostanza, che fa da sostrato alle mutazioni accidentali), sotto la nuova forma sostanziale che succede alla precedente (lì dove, nelle mutazioni accidentali, la forma sostanziale rimane la medesima ed a mutare sono solo appunto le forme accidentali).

Fino a qui Aristotele. Avendo dimostrato la distinzione reale tra essere ed essenza, Tommaso aggiunge un importantissimo tassello alla comprensione della struttura metafisica degli enti. Così come, negli enti materiali, la forma conferisce attualità alla materia, così per gli enti in generale l'essenza, che senza l'essere è un puro nulla, viene attuata dall'essere. Ogni ente che non sia l'ente in cui essere ed essenza corrispondono, nasce dall'unione di una essenza con l'essere. È l'essere a far sì che gli enti esistano, mentre l'essenza è ciò che fa sì che questi siano degli enti determinati e non il puro, infinito essere. Per così dire, l'essenza limita quell'essere che, invece, risulta illimitato nell'ente la cui essenza è il suo stesso essere, in quell'ente che è Dio.

Il rapporto tra essere ed essenza è analogo a quello che c'è tra la forma e la materia, vale a dire che corrisponde al rapporto che c'è tra l'atto e la potenza. L'essere attualizza l'essenza, che funge da potenza dell'atto d'essere. La distinzione tra essere ed essenza sta dietro a quella tra forma e materia. È possibile dire che la forma è in potenza rispetto all'atto d'essere. L'essere è il completamento d'ogni forma: la forma infatti è completa quando ha l'essere, e ha l'essere quando è in atto; sicché non c'è nessuna forma, se non in forza dell'atto d'essere. L'essere, ci dice san Tommaso, è l'attualità di ogni atto e la perfezione di ogni perfezione.

L'esistenza di Dio

Stabilita la distinzione reale tra essere ed essenza, Tommaso passa a dimostrare l'esistenza di Dio, facendo di questa distinzione la chiave di volta del suo argomento:

"Ora, tutto ciò che conviene ad una cosa, o è causato dai principi della sua natura, come il risibile nell'uomo, o proviene da un principio estrinseco come la luce nell'aria per l'influsso del sole. Ma non è possibile che lo stesso essere sia causato dalla stessa forma o quiddità della cosa, cioè come da causa efficiente; perché così una cosa sarebbe causa di se stessa, e una cosa produrrebbe se stessa nell'essere, il che è impossibile. È dunque necessario che ogni cosa il cui essere è altro dalla sua natura, abbia l'essere da un altro. E poiché tutto ciò che è mediante un altro viene ricondotto a ciò che è di per sé, come alla causa prima, è necessario che vi sia una realtà che sia causa dell'essere per tutte le cose, per il fatto che essa stessa è soltanto essere; altrimenti si an-

drebbe all'infinito nelle cause, giacché ogni cosa che non è soltanto essere ha la causa del suo essere, come si è detto. [...] E quest[a] è la causa prima che è Dio."

Nella prima parte dell'argomento, l'Aquinate ha stabilito che tutti gli enti che non sono Dio sono composti di essere ed essenza. Se esiste un ente la cui essenza corrisponde all'essere (se esiste Dio), questo non può che essere unico. Da ciò consegue che in tutto quanto esiste, a parte il suddetto, l'essere sarà distinto dall'essenza. Tra questi enti non saranno inclusi solo gli enti materiali, ma tutti gli enti a parte Dio, appunto; quindi anche eventuali enti immateriali (come gli angeli di cui ci parla la Rivelazione).

Ora, se un ente gode di una caratteristica che non è parte di ciò che questo è, tale caratteristica o sarà causata dall'essenza stessa dell'ente (come la capacità di ridere è causata nell'uomo) o da qualcosa a lui estrinseco (come la luminosità dell'aria è causata dal sole). Non ci sono altre possibilità. Per chiarire meglio il punto, è sufficiente notare che noi non ci domandiamo perché una cosa è quella che è, vale a dire che non ci chiediamo il perché della definizione di una cosa o degli elementi che concorrono a tale definizione, ad eccezione di quando ci chiediamo se una determinata definizione riesca a cogliere adeguatamente l'essenza di una cosa. In questo caso però non ci domandiamo perché una cosa è quello che è, ma ci chiediamo in base a quale ragione affermiamo che una cosa è in un dato modo. Per esempio, noi non ci chiediamo perché l'uomo è un animale razionale, ma quali prove abbiamo per stabilire che l'uomo è un animale razionale.

È però legittimo chiedersi il perché di quelle caratteristiche delle cose che non sono incluse nella loro definizione. E ci possono essere solo due risposte: che queste caratteristiche hanno un'origine intrinseca, cioè che derivano dall'essenza delle cose stesse; oppure che queste caratteristiche hanno una spiegazione estrinseca, vale a dire che derivano da un qualcosa di distinto dalle cose in cui compaiono. A titolo di esempio possiamo considerare un triangolo disegnato su una lavagna con un gessetto bianco. Sarebbe qui legittimo domandarsi perché il triangolo è bianco, in quanto la bianchezza non rientra nella definizione del triangolo (che è quella di un poligono di tre lati). Ovviamente tale bianchezza non potrà avere un'origine intrinseca, in quanto in alcun modo è determinata dall'essenza del triangolo. Ne consegue che la bianchezza del triangolo deriverà da una qualche causa estrinseca al triangolo stesso. La causa della bianchezza del triangolo risiede in qualcosa di realmente distinto da quest'ultimo, vale a dire nel pezzo di gesso bianco che è stato utilizzato per tracciarlo sulla lavagna. Inutile dirlo, in questo esempio il gesso sarà collegato alla bianchezza del triangolo nello stesso modo in cui, nell'esempio che Tommaso fa nel testo, il sole è collegato alla luminosità dell'aria. Considerando invece la caratteristica goduta dal triangolo di avere la somma degli angoli interni pari a centottanta gradi, questa non è contenuta nella sua definizione, ciononostante è facile notare come appartenga al triangolo in quanto triangolo, in quanto cioè poligono con tre lati, e come quindi derivi da una causa intrinseca. È chiaro che l'essenza del triangolo è legata al suo avere la somma degli angoli interni pari a centottanta gradi, così come, nell'esempio di san Tommaso, il fatto che l'uomo è un ente razionale è legato alla sua capacità di ridere.

Ora, è possibile che l'essere di una cosa in cui l'essere è distinto dall'essenza sia causato (come da una causa efficiente, ci tiene a specificare Tommaso) dall'essenza della cosa stessa? Chiaramente no. Poiché in tal caso tale cosa sarebbe la sua stessa causa, e nulla può essere causa ed effetto in relazione alla medesima cosa, in quanto questo comporterebbe una contraddizione: questa cosa dipenderebbe da se stessa e, allo stesso tempo, non dipenderebbe da se stessa.

Ne deduciamo che l'essere di tale cosa è causato da un qualcosa da questa distinta, vale a dire che ha una causa estrinseca. E che dire di questa causa estrinseca? Dovrà essere qualcosa che ha l'essere in virtù di se stessa, cioè di un qualcosa in cui l'essere non si distingue dall'essenza. Questo perché qualsiasi cosa possieda una caratteristica in ragione di un qualcosa a questa estraneo lo dovrà possedere in ragione dell'influsso, diretto o indiretto, di un qualcosa che gode di tale caratteristica in forza della propria essenza. Ad esempio, la materia è divisibile in parti non in ragione di una virtù propria, ma in ragione della virtù di un qualcosa a lei estrinseco, in quanto la materia è in sé pura potenzialità. Questo qualcosa dovrà essere divisibile per virtù propria. E questo qualcosa sarà la quantità tridimensionale della materia di cui è costituito l'universo fisico.

Tornando alla causa dell'essere, se la causa estrinseca del medesimo non è un qualcosa che ha l'essere in virtù di se stesso, allora anche questo dovrà essere un qualcosa in cui l'essere si aggiunge all'essenza come un elemento a questa estraneo. In tal caso, però, il suo stesso essere dovrà essere causato da qualcos'altro: da una causa estrinseca. Qualora poi anche quest'ultima cosa fosse tale che l'essere non gli appartiene per essenza, il suo essere dovrà essere a sua volta causato da un qualcosa di estrinseco. È chiaro però che al principio di una tale catena causale dovrà necessariamente esserci un qualcosa che è la causa dell'essere di tutte le cose che sono ed in cui l'essere è distinto dall'essenza, e che questo qualcosa dovrà possedere l'essere per essenza, vale a dire che dovrà essere il puro essere. È necessario quindi che Dio, l'essere puro, esista, in quanto ad ogni istante della nostra vita facciamo esperienza di cose che non sono il puro essere, in cui cioè essere ed essenza risultano distinti.

Ecco esposto l'argomento nei suoi tratti essenziali. Si procederà ora rispondendo alle possibili obiezioni al medesimo, alcune delle quali quasi sicuramente già staranno facendo capolino nella mente del lettore. Facendo ciò, ne approfitteremo anche per chiarire meglio alcuni passaggi ed implicazioni dello stesso.

Alcune possibili obiezioni

Che bisogno c'è di una causa prima?

Come si è visto, la prova tomistica dell'esistenza di Dio fa perno sul concetto di causa. Nel corso della storia, però, non sono mancati i pensatori che hanno messo in dubbio la validità del suddetto. Tra costoro il più importante, com'è noto, è stato il filosofo empirista David Hume. L'empirismo si distinse, lungo il XVII secolo e l'inizio del XVIII, per il duro scontro che lo contrappose ad un'altra grande corrente della storia del pensiero occidentale: il razionalismo.

Punto fermo del pensiero dei razionalisti era quello relativo al fatto che termini quali "necessario" e "contingente" descrivessero qualcosa di vero relativamente alla realtà delle cose. Gli empiristi si opposero a questo modo di pensare, asserendo che l'uomo ha la possibilità di esperire ciò che accade nel mondo, ma non sa se ciò che accade accada in modo necessario o contingente. Secondo Hume la necessità è un qualcosa che esiste nella mente, ma non nelle cose. Ne deriva che la proposizione "ogni ente contingente è causato" non è giustificata o giustificabile a partire dall'esperienza. La necessità e l'universalità che si riscontrano in questa proposizione non sono radicate negli oggetti dell'esperienza, ma nel nostro modo di pensare tali oggetti. L'idea che certi eventi siano la causa di altri eventi, infatti, sorgerebbe dal mero fatto che al verificarsi dei primi è generalmente collegato il verificarsi dei secondi. Ma siccome l'uomo non percepisce alcuna reale connessione tra gli stessi, la proposizione "all'evento A deve necessariamente seguire l'evento B" non è in alcun modo giustificata.

Il peccato originale degli empiristi è l'unidirezionalità del loro modo di pensare, il quale coglie la realtà in modo monodimensionale. L'imperfezione, la composizione, la limitatezza, ecc. sono fatti relativi agli oggetti della nostra esperienza al pari della loro dimensione, del loro colore, della loro posizione, ecc. Nonostante le caratteristiche sopraelencate degli oggetti non siano dei dati sensibili, è assolutamente arbitrario dedurne che queste non siano fatti riguardanti l'esperienza umana. Limitare, infatti, l'esperienza esclusivamente a quanto è direttamente percepibile dai cinque sensi significa escludere dal novero della medesima gran parte di ciò di cui, appunto, facciamo esperienza. Se è vero che l'uomo non percepisce sensibilmente cose come la causalità o la relazione, è altrettanto vero che è in grado di percepirle tramite l'intelletto. L'esperienza sensibile è solo un tipo particolare di esperienza. L'attività che noi percepiamo come sussistente tra i vari oggetti della nostra esperienza ci è attestata dal nostro intelletto, il quale coglie il fatto che i suddetti oggetti sono legati gli uni con gli altri da rapporti reali di causa ed effetto.

Secondo Hume, le idee di causa e di effetto sono distinte ed il principio che vuole che per ogni effetto ci sia una causa corrispondente non è necessariamente valido. Tutte le idee distinte sono separabili l'una dall'altra e le idee di causa e di effetto sono distinte l'una dall'altra. Di conseguenza, nulla ci nega di pensare che un qualsivoglia oggetto cominci ad esistere senza che questo avvenga in forza di una qualche causa. La separazione dell'idea di causa da quella del venire all'esistenza di qualcosa è chiaramente immaginabile. Possiamo tranquillamente immaginare che una cosa venga ad essere senza una causa senza cadere nella contraddizione o nell'assurdo.

Come ha, però, sottolineato la filosofa inglese Elizabeth Anscombe, noi possiamo benissimo immaginare che un qualcosa venga fuori dal nulla, ma il fatto che questo sia possibile per la nostra immaginazione non implica che ciò sia possibile nella realtà senza cadere nell'assurdo o nella contraddizione. Noi possiamo certamente immaginare un qualcosa apparire all'improvviso, sbucando dal nulla, ma come facciamo ad essere sicuri che questa cosa apparsa all'improvviso sia venuta ad esistere proprio nel momento in cui è apparsa e non esistesse già altrove? Sembra proprio che la nostra consapevolezza di avere a che fare con il venire ad esistere di un oggetto sia indissolubilmente legata al fatto di poter identificare le sue cause. Possiamo osservare l'inizio di nuove cose in quanto sappiamo che queste, in qualche modo, sono state prodotte e da che cosa. Sappiamo che l'apparire di una cosa corrisponde alla sua genuina origine nella misura in cui comprendiamo che cosa la ha originata.

Del resto, l'intrinseca contraddittorietà della posizione di Hume a riguardo del principio di causalità appare evidente semplicemente osservando come questi giustifica l'esistenza del concetto di causa nella nostra mente. Secondo il filosofo scozzese è l'abitudine a generare in noi l'idea che se un evento B segue costantemente ad un evento A, il secondo è la causa del primo. Ma domandandosi come faccia ad ingenerarsi in noi il concetto di causa, Hume non si sta forse domandando che cosa causi in noi il concetto di causa? È come se Hume ci dicesse: il concetto di causa in sé non ha valore, in quanto è la nostra abitudine a vedere costantemente associati determinati eventi a... causarlo!

Secondo alcuni, un colpo di grazia al concetto classico di causalità deriverebbe dalla moderna meccanica quantistica ed in particolare dal cosiddetto *principio di indeterminazione di Heisenberg*. Si tratta di un argomento delicato e complesso che qui ci limiteremo ad accennare senza addentrarci in uno dei campi più ostici della fisica e nelle sue ancora più ostiche interpretazioni.

Il succitato principio di indeterminazione afferma che non possiamo conoscere con assoluta precisione in modo simultaneo la posizione e la velocità di una particella: più esattamente conosceremo la posizione della medesima, meno esattamente conosceremo la sua velocità, e viceversa. Questo introduce all'interno della scienza fisica un consistente fattore di impredicibilità. A livello subatomico, ci è impossibile produrre predizioni esatte, ma solo stabilire le probabilità relative alle varie evoluzioni possibili di un sistema fisico.

Il problema è che non bisogna assolutamente confondere il principio di causalità con quello di predicibilità. Il principio di causalità e quello di predicibilità si distinguono in ragione del fatto che il principio di causalità dice solamente che ogni effetto deve avere necessariamente una causa, ma non ci dice quale sia la causa, né se la causa produca l'effetto in un modo che sia predicibile. Il principio di predicibilità, invece, ci dice che conoscendo l'effetto, possiamo conoscere la causa e, conoscendo la causa, possiamo conoscere l'effetto. Il principio di predicibilità, quindi, è estremamente più impegnativo di quello di causalità. Ora se il primo, in effetti, ha ricevuto un duro colpo dal principio di indeterminazione, lo stesso non si può certamente dire per il secondo.

Stabilito che non ci sono solidi motivi per dubitare della validità del concetto di causa rimane però da stabilire se, per giustificare l'esistenza degli enti in cui l'essere e l'essenza sono distinti, ci sia effettivamente bisogno del puro essere quale loro causa prima. A questo proposito, due sono i passaggi all'interno del testo di Tommaso a poter risultare problematici. Il primo è questo: "È dunque necessario che ogni cosa il cui essere è altro dalla sua natura, abbia l'essere da un altro. E poiché tutto ciò che è mediante un altro viene ricondotto a ciò che è di per sé, come alla causa prima, è necessario che vi sia una realtà che sia causa dell'essere per tutte le cose, per il fatto che essa stessa è soltanto essere". Quanto risulta qui problematico è l'idea che potremmo riassumere mediante la proposizione "se qualcosa è da altro, allora necessariamente ci deve essere qualcosa che è per sé". Nel corso dell'argomentazione indicheremo tale proposizione come I. Questa è chiaramente affermata da san Tommaso come una proposizione necessaria, ma non è scevra di difficoltà. Se infatti appare chiaro che, se una cosa è da altro, necessariamente implica un qualcosa oltre a se stessa, non è altrettanto chiaro che questo qualcosa debba essere per sé. Sarà quindi necessario dedicare alcune parole a questo tema.

Il secondo passaggio problematico del ragionamento di Tommaso è questo: "altrimenti si andrebbe all'infinito nelle cause." Chiameremo questa proposizione II. Essa vuole stigmatizzare il fatto che è inconcepibile una sequenza infinita di cause. In che senso, però, il fatto che è impossibile un infinito regresso di cause implica l'esistenza dell'essere sussistente? È davvero inconcepibile un infinito regresso di cause? Non sarà forse invece che si conclude che il regresso infinito di cause è impossibile perché Dio esiste? In quest'ultimo caso, la negazione di un regresso infinito di cause sarebbe irrilevante rispetto alla dimostrazione dell'esistenza di Dio. Se invece non fosse vero che un infinito regresso di cause è impossibile, allora verrebbe meno la necessità di Dio quale causa prima.

È stato stabilito che c'è qualcosa, A, il cui essere è altro dalla sua essenza. Ogni cosa la cui essenza è altro dall'essere deve avere in altro la causa del proprio essere, il quale a sua volta deve essere. Di conseguenza A ha la causa del proprio essere in B. Ora, o B sarà tale che il suo essere è altro dalla sua essenza oppure no. Nel secondo caso questo è l'essere sussistente, Dio. Nel primo caso, invece, anche questo dovrà avere in altro la causa del proprio essere. Poniamo che non esista altra causa causata che B, che esista cioè una sola causa causata. In tal caso esisterà necessariamente una causa incausata, vale a dire l'essere puro, l'essere sussistente. Assumiamo invece che ci siano altre cause causate e che vi sia una serie di cause causate tra B ed A, ma di numero finito. Anche in questo caso sarà necessaria una causa incausata, l'essere sussistente. Poniamo ancora il caso che vi sia una serie infinita di cause causate tra B e A, ma che B sia l'ultima causa causata di questa serie infinita. Anche qui sarà necessaria una causa incausata, l'essere sussistente. Si potrebbe ipotizzare però anche lo scenario in cui B ed A siano solo due membri di una serie infinita di cause causate. In questo caso non ci sarebbe un'ultima causa causata della serie e verrebbe meno la necessità di una causa incausata, dell'essere sussistente. Ora, in questa ultima ipotesi non ci sarebbe necessità di porre Dio quale causa incausata, in quanto per ogni causa causata della catena causale ci sarebbe sempre la possibilità di spiegare il fatto che questa è semplicemente ricorrendo alla causa causata antecedente. Ma si tratta di un'ipotesi plausibile?

Tornando alla proposizione I, in questo contesto "essere da altro" è un "essere da altro" rispetto all'essere. Per chiarire il discorso, basta fare le seguenti considerazioni. In primo luogo, una cosa non può dipendere dalla propria essenza per il proprio essere come da una causa, come già spiegato sopra. In secondo luogo, siccome al di fuori dell'essere c'è solo il non-essere, ciò che dipende da una fonte estrinseca per il proprio essere è completamente dipendente da questa fonte estrinseca. Tale fonte estrinseca, pertanto, dovrà essere tale che l'esistenza della cosa che è da altro dipenda completamente da lei, altrimenti, ovviamente, non si potrebbe dire che quest'ultima dipende completamente dalla prima. Ma se anche la fonte estrinseca dipendesse per il proprio essere da altro, allora dovrebbe dipendere da questo altro in modo completo. Dire però che A è completamente dipendente da B e che B è a sua volta completamente dipendente da C è contraddittorio. Significa, infatti, dire che A è completamente dipendente da B e, al contempo, non è completamente dipendente da B.

Si potrebbe però asserire che non comporta contraddizione che A non sia completamente dipendente da B e, al contempo, che il suo essere sia completamente da altro, qualora si postuli l'esistenza di una catena infinita di cause causate tale che non vi sia alcun ultimo membro della medesima. Ed ecco che siamo all'ipotesi a cui si accennava sopra. Qui A dipenderebbe per via seriale da B, C, D, ecc. all'infinito, in modo tale che dipenderebbe completamente da C tramite B, e così per tutti gli infiniti membri della serie. In tal modo A non sarebbe dipendente da nessun singolo membro della serie, ma dalla serie infinita nel suo complesso.

Questa soluzione non può però essere accolta, in quanto una serie infinita di cose (a prescindere dal fatto che contenga o meno un elemento ultimo) le quali dipendano completamente da altro è una serie che non può esistere. L'unico essere che la serie potrebbe avere sarebbe l'essere di ognuno dei suoi membri. Se i singoli membri della serie non fossero, così sarebbe anche per la serie. Che i membri della serie non potrebbero essere è reso chiaro dal fatto che, a prescindere dal membro preso in esame, questo sarebbe un qualcosa di completamente dipendente da altro. Una serie infinita di tali cose produrrebbe una serie infinita di contraddizioni: A sarebbe completamente dipendente da B, ma senza essere completamente dipendente da B; A e B sarebbero completamente dipendenti da C, ma non sarebbero completamente dipendenti da C; A sarebbe completamente dipendente da B e C, ma non sarebbe completamente dipendente da B e C; e così all'infinito.

Quanto sopra può essere riassunto nel modo che segue. Se A dipende completamente da una fonte estrinseca, B, non fa differenza se vi sia un solo un B o più di uno. Non importa se i B sono finiti o infiniti e, se infiniti, se c'è o non c'è un ultimo membro della serie. In ognuno di questi casi, B deve essere in grado di rendere conto dell'essere di A in modo completo. La ragione di ciò è il motivo per cui è effettivamente vera la proposizione I di cui sopra, cioè che "se qualcosa è da altro, allora necessariamente ci deve essere qualcosa che è per sé". B deve essere in grado di rendere ragione di A per proprio conto, sia perché A è completamente dipendente da una fonte estrinseca sia perché B deve essere inteso come l'unica cosa che è oltre ad A. Questo poiché ciò che è in forza di altro implica necessariamente che ci sia qualcosa che è per sé. Se infatti, B, ciò che causa A, fosse anch'esso completamente dipendente da altro, sarebbe contraddittorio asserire che A dipende completamente da B. E, come suggerito sopra, l'introduzione di una serie infinita di B servirebbe solo a creare una serie infinita di contraddizioni.

Una cosa che va qui sottolineata è che la dipendenza di A da B è un qualcosa che vale in questo stesso momento (*causa essendi*). Non si tratta del tipo di dipendenza che, per esempio, i figli hanno rispetto genitori, per la quale i figli continuano ad essere anche quando i genitori sono morti (*causa fiendi*). Non si tratta di ciò che causa il venire all'essere di A, ma ciò che causa il suo persistere nell'essere. Si tratta del tipo di dipendenza che, per riprendere l'esempio che Tommaso cita nel testo, la luminosità dell'aria ha rispetto al sole, luminosità che viene a mancare nel medesimo istante in cui il sole smette di brillare. I genitori, infatti, sono responsabili del venire all'essere dei figli, ma poi questi sono capaci di essere per proprio conto, per dir così, a prescindere dai genitori, mentre l'aria non ha la capacita di rimanere illuminata per proprio conto una volta ricevuta la luce dal sole. Così, ciò che è completamente dipendente da altro (ed in quanto all'essere, come abbiamo mostrato sopra, ogni cosa in cui essere ed essenza si distinguano è completamente dipendente da altro), se lo è appunto nella sua interezza, dovrà a quest'altro il suo sussistere nell'essere, quindi il suo essere ora.

Venendo quindi alla proposizione II, che esclude la possibilità dell'esistenza di una catena infinita di cause causate, si nota subito come questa è necessariamente legata alla proposizione I. Una catena infinita di cause causate, in base a quanto abbiamo esposto nelle righe precedenti, infatti, lascerebbe fondamentalmente senza una reale causa l'essere degli enti in cui essere ed essenza sono distinti.

È chiaro che san Tommaso ritiene, giustamente, che l'assunzione di un regresso infinito di cause sia equivalente alla negazione dell'esistenza di quanto è per sé e che la negazione di quanto è per sé equivalga alla negazione dell'essere da altro, in quanto, appunto, se qualcosa ha l'essere da altro allora è necessario che ci sia qualcosa che è per sé. Ne risulta che è impossibile che vi sia un regresso infinito di cause causate.

Ma tale conclusione non presuppone già l'esistenza di Dio? No. Possiamo invece dire che l'esistenza di Dio e l'impossibilità di un regresso infinito di cause causate si provano in parallelo, a partire dall'assunto che se qualcosa è da altro allora c'è qualcosa che è per sé (che è appunto Dio). Sopra si è mostrato come il moltiplicare all'infinito le cause causate per rendere ragione dell'essere di quanto è da altro serva solo a moltiplicare all'infinito il numero delle contraddizioni. Il fatto che l'essere di ciò che è da altro richieda ciò che è per sé (Dio) implica che non è possibile un regresso infinito di cause causate e viceversa.

Le cose sono?

La prova tomistica illustrata in queste pagine si basa sul presupposto che, quando noi diciamo che una cosa è, stiamo effettivamente dicendo qualcosa a proposito di quella cosa. Nell'economia del discorso di Tommaso quando diciamo che "Socrate è" cioè che "Socrate esiste" stiamo dicendo qualcosa a proposito di Socrate. L'idea di fondo è che l'essere si predica delle cose. Già Kant, però, aveva sostenuto la tesi che l'essere non è un predicato reale, in quanto quando diciamo che un qualcosa esiste non aggiungiamo o togliamo nulla a ciò che fa sì che quella cosa sia ciò che è. Famoso è l'esempio che il filosofo tedesco fa dei cento talleri immaginari che sarebbero in tutto e per tutto identici a cento talleri reali. C'è da segnalare il fatto che non sono pochi i pensatori che sono pronti a sottoscrivere delle tesi vicine a questa.

Oggi, molti filosofi (specie di lingua inglese), seguendo l'insegnamento del logico tedesco Gottlob Frege, sono dell'idea che quando noi diciamo "Socrate è", "Socrate esiste" non facciamo, in realtà, riferimento a Socrate quale oggetto concreto, ma al concetto di Socrate o alla proprietà di essere Socrate. Costoro asseriscono che il predicato di esistenza non è un predicato di primo livello (vale a dire che "è" non è un qualcosa che possa dirsi di oggetti concreti), bensì un predicato di secondo livello (cioè che "è" si può dire solo ed esclusivamente di concetti o proprietà). Quando diciamo che "Socrate è", in realtà non staremmo che dicendo che "c'è almeno un ente che gode della proprietà di essere Socrate" o, più sbrigativamente, che "qualcosa socratizza".

L'argomento classico in difesa dell'idea che l'essere è un predicato di secondo livello è quello che fa perno sulle proposizioni esistenziali negative. Se diciamo "i marziani non esistono", intendendo il predicato "esistono" come riferito a dei marziani concreti, è come se stessimo dicendo "ci sono dei marziani, i quali non sono affatto". La cosa, ovviamente, è contraddittoria. Per questa ragione, i sostenitori dell'idea che il predicato essere in senso esistenziale sia un predicato di secondo livello suggeriscono che "i marziani non esistono", dovrebbe essere tradotto in questi termini: "la proprietà di essere un marziano non è istanziata" o "non c'è alcun ente che goda della proprietà di essere un marziano". Di conseguenza, anche le proposizioni esistenziali positive verterebbero non su degli oggetti concreti, ma su delle proprietà.

Basta rifletterci, però, per rendersi conto che questa concezione del predicato essere in senso esistenziale è decisamente troppo povera per cogliere tutta l'ampiezza del medesimo. Il fatto che Socrate esista rende sicuramente vera la proposizione "la proprietà di essere Socrate è istanziata" o la proposizione "la proprietà di essere Socrate è esemplificata da un ente concreto", ma il fatto che la proprietà di essere Socrate sia istanziata non ci dice in virtù di che cosa questa lo sia. È del resto evidente che, per Socrate, essere sia decisamente qualcosa di più che non la semplice istanziazione della proprietà di essere Socrate, qualcosa che lo riguarda direttamente in quanto ente concreto.

Secondo l'ontologia di Tommaso d'Aquino, quando diciamo che "Socrate esiste" stiamo dicendo qualcosa su Socrate, vale a dire che Socrate è dotato dell'*atto di essere*. È il fatto che Socrate esiste, che è dotato cioè di un proprio atto d'essere, a far sì che la proprietà di essere Socrate sia istanziata. Dicendo che "Socrate è" stiamo quindi, in effetti, attribuendo un predicato di primo livello a Socrate. Le proposizioni esistenziali negative riferite ad oggetti concreti andrebbero pertanto interpretate come negazioni di proposizioni. Quando diciamo "i marziani non esistono", in realtà, non stiamo che dicendo "è falso che esistano marziani".

Sembra quindi assolutamente lecito considerare l'essere come un qualcosa che appartiene alle cose e appare perfettamente coerente l'idea di un qualcosa la cui essenza corrisponda all'essere, un qualcosa che sia puro essere. Di conseguenza, appare del tutto legittimo articolare una prova dell'esistenza di Dio che, partendo dalla necessità di individuare l'origine dell'essere come un qualcosa posseduto dagli enti in cui questo non si identifica con l'essenza, ne individui la causa nell'ente la cui essenza corrisponde all'essere, nel puro essere, nell'essere sussistente, che è Dio.

Le cose sono davvero dotate di un'essenza?

Così come è possibile sollevare delle critiche alla prova dell'esistenza di Dio del *De ente et essentia* partendo dal concetto di essere è altresì possibile sollevarne a partire da quello di essenza. L'essenza è ciò per cui una cosa è ciò che è. Secondo san Tommaso è l'essenza delle cose quella che il nostro intelletto afferra in modo astratto ed è circoscritta dalla definizione, vale a dire mediante il genere e la differenza specifica. Ad esempio, l'essenza dell'uomo è definita come quella di un animale (genere) razionale (differenza specifica). Questa definizione circoscrive l'essenza dell'essere umano.

Il fatto che noi assegniamo abitualmente delle definizioni alle cose che ci circondano è indicativo di come nel nostro vivere quotidiano diamo per scontato che queste abbiano delle essenze. È ovvio però che almeno alcune definizioni sono il mero prodotto di una qualche convenzione. Un cacciavite o un paio di occhiali, per esempio, ricadono sotto le loro specifiche definizioni in quanto sono oggetti prodotti con un determinato scopo. Ci sono però cose la cui essenza non dipende in alcun modo da noi o da una mera convenzione, si tratta delle sostanze naturali. È nota come "essenzialismo" la tesi di chi sostiene l'esistenza di essenze reali per almeno alcune cose.

Come può essere provato che le sostanze naturali hanno delle essenze reali totalmente indipendenti dalla nostra conoscenza delle stesse? Per rispondere a questo interrogativo si potrebbe adottare la strategia di Aristotele, il quale semplicemente ci dice che sarebbe assurdo tentare di provare l'esistenza delle essenze. Per il grande filosofo greco, infatti, il fatto che almeno determinate cose siano dotate di un'essenza reale è un qualcosa di assolutamente ovvio. Per negare l'esistenza delle essenze (proprio come nel caso del concetto di causa) bisogna, infatti, appellarsi a tutta una serie di argomenti filosofici estremamente dubbi, i quali sono ben lungi dal dimostrarci in modo convincente quanto si propongono.

Ciononostante, c'è un nutrito stuolo di pensatori che hanno dubitato e dubitano dell'esistenza delle essenze, il che ci costringe a dire qualcosa in più su questo argomento. La prima cosa da notare è che sembra proprio che le cose abbiano in effetti delle essenze, vale a dire che il mondo sembra essere proprio come ci si aspetterebbe che fosse qualora le cose che lo compongono fossero dotate di essenze. In primo luogo, queste sembrano essere correlate le une alle altre in modo da esibire una sorta di unità. Gli alberi di melo sono correlati agli altri alberi di melo in modo peculiare, in un modo in cui di certo non lo sono rispetto ai cani, ai sassi, alle farfalle o alle persone. Questa margherita ha un qualcosa che l'unisce a quest'altra margherita e a quest'altra ancora. Questo gatto ha qualcosa che l'unisce a quel gatto lì e a quell'altro là. E così via. Questi insiemi di cose manifestano delle caratteristiche comuni proprio come ci si aspetterebbe nel caso che le suddette condividessero la medesima essenza, il che sarebbe piuttosto bizzarro se il nostro metterle assieme non fosse che il frutto esclusivo di una nostra attività mentale. In secondo luogo, ognuna di queste cose manifesta una propria unità: un albero di melo, un gatto, una farfalla si comporteranno nel corso del tempo in un modo peculiare e almeno in parte prevedibile, esibendo proprietà caratteristiche e modelli di comportamento persistenti, a prescindere anche dal mutamento di alcune caratteristiche superficiali. Anche questo è proprio quanto ci aspetteremmo se ognuna di queste cose avesse un'essenza reale o natura.

Tutto questo non significa asserire che sia una cosa semplice comprendere in qualsiasi circostanza come le cose debbano essere raggruppate tra di loro ed esattamente quali proprietà e operazioni un determinato oggetto debba esibire per poter essere correttamente classificato come possessore di una determinata essenza. Anzi, che cosa siano precisamente le essenze delle cose non è quasi mai una cosa semplice da scoprire. Questo, però, non ci autorizza a dubitare della realtà delle essenze stesse. Nessun essenzialista, a parte forse quelli molto ingenui, crede che la natura delle cose possa essere sempre scoperta in modo semplice. Il punto qui, però, non è in cosa consistano esattamente le essenze delle diverse cose o se si possa sempre e comunque scoprirle, ma il fatto che l'unità e l'ordine delle cose sarebbero una grande mistificazione se il fatto di avere un'essenza non fosse una caratteristica di tutte le cose esistenti.

Fino a questo punto ci ha guidato il senso comune, ma la pratica e i risultati della scienza moderna paiono rinforzare in modo schiacciante questo punto. Infatti, sembra proprio che lo scopo della fisica, per esempio, sia quello di scoprire le caratteristiche così come il comportamento delle cose come se appunto non fossero altro che espressione della peculiare essenza delle medesime. Le regolarità che le scienze dure tendono a scoprire sono raramente osservate e, in genere, sono assolutamente inosservabili nelle circostanze ordinarie. Chi inizia a studiare la fisica familiarizza fin da subito con quelle che sono delle pure idealizzazioni, come l'esistenza di superfici prive di attrito od il fatto che le leggi di Newton, in senso stretto, ci descrivano il comportamento reciproco di determinati corpi in assenza di ogni interferenza esterna, una situazione che in natura è impossibile da realizzarsi. Allo stesso modo, nonostante l'immagine popolare che si ha dell'impresa scientifica, i fisici non arrivano a formulare le loro leggi a seguito di innumerevoli tentativi ed errori, ma tramite l'osservazione di pochi e precisi esperimenti condotti in condizioni assolutamente artificiali. Ancora una volta, questo è proprio quanto ci aspetteremmo qualora la scienza, in effetti, avesse a che fare con la scoperta dell'essenza in qualche modo occulta delle cose. Quello che la pratica scientifica ci mostra è che ciò che i fisici cercano di individuare è l'esatto comportamento manifestato da determinati enti quando ogni interferenza sia stata rimossa, tanto è vero che spesso bastano solo una manciata di esperimenti eseguiti sotto scrupoloso controllo per stabilire quale sarà, in generale, il comportamento di una determinata tipologia di enti fisici in circostanze analoghe.

L'idea poi che tutte le essenze siano un qualcosa di convenzionale è fondamentalmente incoerente. I convenzionalisti ritengono che le essenze delle cose siano un semplice prodotto del nostro modo di pensare, delle nostre convenzioni linguistiche e così via. Le essenze sarebbero un qualcosa di completamente dipendente dalla nostra mente. Per essere coerenti, però, i convenzionalisti dovranno ritenere che anche quella relativa all'essenza della nostra mente non sia che una mera convenzione come tutte le altre. Il che farebbe anche della nostra mente semplicemente il prodotto del nostro modo di pensare, delle nostre convenzioni linguistiche, e così via. Ma, perché ci sia un qualcosa di dipendente dalla nostra mente, ci deve essere già una mente. La mente dovrà godere di un primato ontologico rispetto a ciò che da lei dipende e non potrà essere ridotta ad un prodotto di se stessa, a meno di non voler asserire che in qualche modo la mente venga al contempo prima e dopo se stessa.

Così, non ci è possibile sostenere in modo coerente una visione convenzionalistica della nostra stessa essenza o almeno dell'essenza della nostra mente. Che ci sia almeno una essenza reale, la nostra o quella della nostra mente, quindi, non può essere negato.

La distinzione tra essere ed essenza è reale?

Alcuni critici, basandosi sulla dottrina metafisica di Aristotele (che, come abbiamo mostrato sopra, fa da sfondo a quella tomistica) hanno sollevato dubbi sull'effettiva validità della prova che san Tommaso sviluppa nella prima parte del nostro argomento, quella in cui si dimostra la distinzione reale tra essere ed essenza. Se le critiche sollevate da questi studiosi fossero valide, ovviamente, verrebbe meno anche la validità dell'argomento nel suo complesso, il quale si fonda su questa distinzione per dimostrare l'esistenza di Dio quale causa dell'essere degli enti in cui l'essere e l'essenza risultano realmente distinti.

I suddetti critici sostengono che il primo passo della prova tomistica assuma in modo tacito che l'ignoranza dell'esistenza di qualcosa, cioè del fatto che una determinata essenza sia istanziata, corrisponda all'ignoranza di un qualche principio distinto da quell'essenza, vale a dire l'essere. Sulla base di questo assunto, se qualcuno non sa se una cosa come la fenice esiste, allora ciò che rende la fenice esistente è l'essere, il quale si distingue dall'essenza della fenice. Il problema, sostengono costoro, è che l'ignoranza relativa all'esistenza di qualche essenza non è l'ignoranza di un principio ontologico, come l'essere, bensì l'ignoranza relativa all'eventuale esistenza di qualche istanziazione concreta di detta essenza. Quindi, l'ignoranza dell'esistenza di una fenice non è l'ignoranza dell'essere della fenice, bensì l'ignoranza delle eventuali istanziazioni della fenice. Così, comprendere l'essenza di qualcosa senza sapere se esista o meno non stabilisce una distinzione tra l'essenza e l'essere, tanto che quest'ultimo debba essere considerato come un principio metafisico al di là della materia e della forma (intese in senso aristotelico).

L'argomento poi che fa perno sull'unicità dell'ente che è puro essere per esplicitare in modo rigoroso la distinzione reale tra essere ed essenza in tutti gli altri enti, sempre secondo i succitati critici, si fonda sull'assunto dell'essere come principio già incluso nella nostra ontologia, tanto che la mancanza di distinzione tra essere ed essenza implica che l'ente in cui questi non sono distinti sia il puro essere. Sempre da un punto di vista aristotelico, però, ci si potrebbe domandare perché ciò che è privo di distinzione tra essere ed essenza non sia pura essenza anziché puro essere.

Rimarrebbe da chiarire, sempre in chiave aristotelica, che cosa la distinzione tra essere ed essenza aggiungerebbe all'analisi degli enti reali, in cui già è possibile distinguere tra materia e forma. Dopotutto, la forma è per Aristotele il principio dell'essere di una cosa: le cose hanno l'essere attraverso la forma, nel senso che le cose materiali esistono nella misura in cui la porzione di materia di cui sono fatte ha una qualche forma. C'è davvero bisogno di qualcosa in più?

La risposta a questa critica di stampo aristotelico risiede nel fatto che la forma degli enti che si compongono appunto di materia e forma non è in grado, da sola, di rendere ragione dell'esistenza di tali enti. La forma, infatti, in quanto principio che conferisce una struttura alla materia, non implica l'esistenza. Per tornare all'esempio della fenice: la forma della fenice è, presumibilmente, ciò che fa sì che una data porzione di materia sia un uccello capace di risorgere dalle proprie ceneri. Non c'è nulla in questa forma che implichi l'esistenza della fenice. L'eventuale esistenza di una fenice sarebbe il fatto che tale fenice esiste, ma non c'è nulla nella forma della fenice che possa far sì che la fenice in effetti esista. Per dirla in altri termini, se la forma fosse tale da implicare non solo la struttura degli enti materiali, ma anche la loro esistenza, allora tutte le forme sarebbero di fatto esistenti. Sta di fatto, però, che noi possiamo affermare che una cosa esiste solo perché tale cosa esiste.

C'è quindi bisogno di un principio distinto dalla forma per giustificare l'esistenza degli enti, il possesso del quale fa sì che le forme esistano. E questo principio è l'essere. Stabilito poi come l'essere è un principio ontologico, ci sarà da determinare la relazione che lo lega all'essenza, il che è proprio quello che fa la prima parte dell'argomento tomistico qui presentato, stabilendo che tra di loro c'è una distinzione reale.

La natura di Dio

Il concetto tomistico di essere

Prima di mostrare come l'essere puro, l'essere sussistente, possieda gli attributi che in genere vengono assegnati a Dio e come, pertanto, possa con questi essere identificato, è necessario che ci soffermiamo per qualche riga attorno al concetto tomistico di essere. In questo paragrafo, quindi, ci concederemo una breve ma intensa (anche se assolutamente incompleta) escursione nell'essere tomistico, al fine di illustrare una delle più felici intuizioni metafisiche del Dottore Angelico, quella dell'essere inteso intensivamente.

Tommaso fa propria l'idea di Aristotele secondo cui l'essere è polisemantico: "Il termine 'essere' ha vari significati. In primo luogo, si chiama essere l'essenza stessa della cosa. In secondo luogo, il termine 'essere' si adopera per esprimere l'atto dell'essenza (*actus essentiae*); così come 'vivere', che è l'essere proprio dei viventi, si adopera per esprimere l'atto dell'anima (non l'atto secondo, che è un'operazione, ma l'atto primo). In terzo luogo, esso esprime la verità della sintesi proposizionale; per cui l'essere (in questo contesto) si chiama copula. Questo tipo di essere ha per sede l'intelletto componente e dividente, però si fonda sull'essere della cosa, ossia sull'atto dell'essenza" [*I Sent.*, d. 33, q. 1, a. 1, ad 1]

Ma nello stesso essere inteso come atto d'essere o atto dell'essenza (che è la seconda delle tre accezioni ricordate sopra) san Tommaso pone una distinzione che nella sua metafisica ha un ruolo fondamentale: la distinzione tra *esse commune* o *esse universale* e *esse absolutum* o *esse divinum*. Nel primo senso il termine "essere" designa un minimo di realtà, quel minimo indispensabile a tutte le cose per uscire dal nulla e far parte dell'ordine dell'esistente. Nel secondo senso esprime l'intensità massima di realtà, intensità tale per cui ogni perfezione vi è racchiusa. A chi gli obietta che non è corretto definire Dio come essere e quindi identificare la sua essenza con l'essere san Tommaso replica che ci sono due concetti di essere: l'essere comune che è il concetto più astratto di tutti, che è indifferente a tutte le aggiunte, ma è suscettibile di qualsiasi aggiunta, e l'essere specialissimo che già include tutte le determinazioni e pertanto esclude qualsiasi aggiunta. Ora è nel secondo senso che si definisce Dio come essere e si identifica in lui l'essenza con l'essere: "l'espressione 'qualche cosa cui non si può aggiungere niente' si può intendere in due maniere. Prima maniera: qualche cosa che (positivamente) di sua natura comporti l'esclusione di aggiunte (o determinazioni) [...]. Seconda maniera: qualche cosa che non riceva aggiunte o determinazioni, perché di suo non le include (né le esclude) [..]. Essere senza aggiunte nella prima maniera è proprio dell'essere divino: invece essere senza aggiunte nella seconda maniera è proprio dell'essere comune" [*Summa Theol.* I, q. 3, a. 4, ad. 1]. Mentre l'essere comune è un'astrazione, la massima di tutte le astrazioni, che riguarda quel minimo di realtà che è comune a tutte le cose, l'essere divino, che è l'essere stesso sussistente, è concretissimo e individualissimo, in quanto abbraccia tutte le determinazioni: "Ciò che è comune a molte cose non è nulla fuori di esse se non per astrazione [...]. Quindi se Dio fosse l'essere comune, egli non avrebbe alcuna esistenza reale, ma soltanto nell'intelletto (che lo pensa). Ora, [...] Dio è una realtà che non esiste solo nella nostra mente, ma nella natura delle cose; perciò non può essere l'essere comune di tutte le cose" [*Contra Gentiles*, I, c. 26, n. 241]. Per contro, l'essere divino è determinato [*I Sent.*, I, d. 8, q. 4. a. 1]; "Dio è qualche cosa di determinato in sé stesso, altrimenti non si potrebbero escludere da lui le condizioni degli altri enti"

[*I Sent.*,d. 24,q. 1,a. 1,ad 3]. "Il nome di Dio 'colui che è' indica l'essere assoluto [...] e significa una specie di mare infinito della sostanza, come se fosse senza confini" [*I Sent.*, d. 8, q. 1, a. 1, ad 4].

San Tommaso insegna che quella dell'essere è una realtà analoga. "Il creatore e la creatura sono ricondotti all'unità, non con la comunanza dell'univocità, ma della analogia. Tale comunanza, però, può essere duplice. O perché delle cose partecipano allo stesso elemento secondo un ordine di priorità e posteriorità, come, per esempio, la potenza e l'atto partecipano al concetto di ente e similmente la sostanza e l'accidente, oppure perché una cosa riceve da un'altra sia l'essere sia la definizione. L'analogia tra la creatura e il Creatore è di questo secondo tipo; infatti la creatura non possiede l'essere se non perché discende dal primo ente, e non viene chiamata ente se non perché imita il primo ente. Altrettanto accade per i nomi di sapienza e di ogni altra cosa che viene detta delle creature" [*I Sent.*, Prol., q. 1, a. 2, ad 2].

L'Angelico si concentra in modo speciale sul concetto intensivo di essere: dell'essere inteso non come perfezione comune bensì come perfezione assoluta; non come perfezione minima a cui si possono aggiungere tutte le altre perfezioni, e neppure semplicemente come perfezione somma, bensì come perfezione piena e intensissima che racchiude tutte le altre. Per indicare questo nuovo concetto di essere, Tommaso si avvale di espressioni potenti nelle quali mette in luce tre verità fondamentali: il primato assoluto dell'atto dell'essere; la ricchezza straripante dell'essere; l'intimità dell'essere.

Diversamente dalla forma che certamente è atto, ma che non può mai sussistere per conto proprio, neppure nelle sostanze separate, gli angeli, che sono pure forme, l'atto dell'essere è singolarissimo, in quanto può sussistere per conto proprio; esso è atto per essenza e non per partecipazione (vale a dire che la sua attualità non è causata da qualcos'altro). "L'atto primo è l'essere sussistente per conto proprio. Perciò ogni cosa riceve l'ultimo completamento mediante la partecipazione all'essere. Quindi l'essere è il completamento d'ogni forma. Infatti la forma arriva alla completezza solo quando ha l'essere, e ha l'essere solo quando è in atto. Di conseguenza non esiste nessuna forma se non mediante l'essere. Per questo affermo che l'essere sostanziale di una cosa non è un accidente, ma è l'attualità d'ogni forma esistente tanto dotata quanto priva di materia" [*Quodl.*, XII, q. 5, a. 1]. Primo nell'ordine dell'attualità, l'essere si identifica pertanto anche con la sorgente di tutto ciò che in qualche modo è in atto, e quindi con la sorgente e la causa di tutti gli enti: "Tra le cose l'essere è la più perfetta, perché verso tutte sta in rapporto di atto. Niente infatti ha l'attualità se non in quanto è: perciò l'essere stesso è l'attualità di tutte le cose, anche delle stesse forme " [*Summa Theol.* I, q. 4, a. 1, ad 3].

L'essere non è solamente la somma perfezione, ma è anche il ricettacolo di tutte le perfezioni, per cui tutte le perfezioni che colmano il creato non sono altro che irradiazioni della stessa e unica perfezione dell'essere, "Tra tutte le cose l'essere è la più perfetta. Ciò risulta dal fatto che l'atto è sempre più perfetto della potenza. Ora qualsiasi forma particolare si trova in atto solo se le si aggiunge l'essere. Infatti l'umanità o l'igneità possono considerarsi come esistenti o nella potenza della materia o nella capacità dell'agente, oppure nella mente: ma ciò che possiede l'essere diviene attualmente esistente. Conseguentemente ciò che chiamo essere è l'attualità d'ogni atto e quindi la perfezione di qualsiasi perfezione" [*De Pot.*, q. 7, a. 2, ad 9]. Ogni nobiltà di qualsiasi cosa appartiene ad essa in forza dell'essere; poiché sarebbe nulla la nobiltà che viene all'uomo dalla sapienza, se per essa non fosse effettivamente sapiente; e cosi delle altre perfezioni. Pertanto il grado di nobiltà di una cosa corrisponde al grado di nobiltà con cui possiede l'essere; poiché si dice che è più o meno nobile secondo che il suo essere si restringe più o meno a qualche grado speciale di nobiltà. Quindi se vi è qualcuno a cui appartenga tutta la virtù dell'essere, non può mancargli nessuna nobiltà che trovasi negli altri. "L'essere è più nobile di qualsiasi altro elemento che lo accompagni. Perciò, in assoluto, l'essere è più nobile anche del conoscere, supposto che si possa pensare il conoscere facendo astrazione dall'essere. E quindi ciò che è più perfetto nell'essere in sede assoluta, è più nobile di qualsiasi altra cosa che sia più perfetta solamente in rapporto a qualche altro aspetto che accompagna l'essere' [*I Sent.*, d. 17, q. 1, a. 2, ad 3] Pertanto l'essere è veramente, come prova san Tommaso, la perfezione assoluta e la radice d'ogni altra perfezione. L'essere è ciò che vi è di più perfetto nella realtà, anzi è il completamento di tutte le altre perfezioni che così non sono che aspetti dell'essere, è la sorgente di tutti gli enti, che non sono altro che partecipazioni dell'essere. L'eccellenza dell'essere è resa palese proprio da tale cosa, che mentre nessun'altra perfezione e nessun ente è concepibile senza che partecipi all'essere, questo si può pensare in assoluta autonomia, come a sé stante, come sussistente, come solitario senza che per questo nulla perda della sua ricchezza, della sua pienezza, della sua intensità.

Una terza proprietà dell'essere è la sua intimità: l'essere è ciò che nelle cose vi è di più intimo e di più profondo: l'essere si insinua nelle cose fino a toccare le zone più recondite, fino a raggiungere le fibre più segrete. Tutta la trama costitutiva dell'ente, tutto il suo sviluppo e la sua espansione provengono dall'essere e vanno verso l'essere. "Tra tutte le cose, l'essere è quella che più intimamente e immediatamente conviene agli enti; perciò, avendo la materia l'essere in atto mediante la forma, è necessario che la forma dando l'essere alla materia si unisca ad essa più intimamente d'ogni altro elemento" [*De An.*, a. 9]. "Pertanto nell'ente l'elemento più intimo è l'essere; dopo l'essere (in ordine di intimità) viene la forma, per la cui mediazione la cosa è in possesso dell'essere; infine viene la materia, che pur costituendo il fondamento della cosa, si trova tuttavia più distante dall'essere della cosa di qualsiasi altro elemento" [*De Nat. Acc.*, c. 1, n. 468].

Talvolta san Tommaso ricava l'eccellenza dell'essere anche dal fatto che non solo esso rappresenta la sorgente di tutti gli enti, ma anche il loro traguardo finale: "l'essere è il fine ultimo d'ogni azione" [*Sub. Sep.*, c. 7, n. 16]. "Ogni azione e movimento sono ordinati in qualche maniera all'essere sia allo scopo che esso venga conservato nella specie o nell'individuo, oppure perché venga acquistato di nuovo" [*Contra Gent.*, III, c. 2]. "L'atto ultimo è l'essere, ed essendo il divenire un passaggio dalla potenza all'atto, è necessario che l'essere sia l'ultimo atto verso cui tende qualsiasi divenire, e poiché il divenire naturale tende verso ciò che naturalmente si desidera, occorre che esso, l'essere sia l'atto ultimo cui ogni cosa anela" [*Comp.Theol.*, I, c. 11, n. 21].

Gli attributi di Dio

Illustrato, nelle possibilità consentitemi dello spazio che qui ci era concesso, il concetto intensivo di essere tomistico, passiamo a dimostrare, mediante opportune citazioni dalle opere di san Tommaso, come i principali attributi che la tradizione attribuisce a Dio possano essere ricondotti al puro essere, a quell'essere sussistente di cui l'argomento presentato in queste pagine ci ha dimostrato l'esistenza. Gli attributi di cui tratteremo sono: semplicità, perfezione, infinità, onnipresenza, immutabilità, eternità, unità, bontà, bellezza e verità.

SEMPLICITÀ: "Colui che conferisce l'essere a tutti gli altri enti, per quanto concerne l'essere stesso non può dipendere da nessun altro; infatti chi per esistere dipende da altro deve ricevere l'essere da quello, e non può certamente essere colui che dà l'essere a tutti gli altri. Ma Dio è colui che conferisce l'essere a tutti; quindi il suo essere non dipende da altri. Ma l'essere d'ogni composto dipende dai suoi componenti;

togliendo i componenti viene meno il composto sia come cosa sia come idea. Quindi Dio non è composto. Inoltre, colui che è il principio primo dell'essere lo possiede in modo eccellentissimo, perché ogni cosa è presente in maniera più eccellente nella causa che nel causato. Ma il modo più eccellente di possedere l'essere è quello per cui una cosa è identica all'essere. Quindi Dio è il Suo essere, mentre nessun composto è il suo essere, perché il suo essere dipende dai componenti e nessuno dei componenti è l'essere stesso. Dunque Dio non è composto. Ciò dev'essere ammesso assolutamente." [*I Sent*., d. 8, q. 4, a.1]

PERFEZIONE: "In Dio si trovano le perfezioni di tutte le cose. Per cui è anche detto universalmente perfetto: infatti non gli manca neppure una sola delle perfezioni che si possono trovare in qualsiasi genere di cose, come dice il Commentatore. E ciò può essere arguito [...] dal fatto che Dio è l'essere stesso per sé sussistente: da cui la necessità che egli contenga in sé tutta la perfezione dell'essere. È chiaro, infatti, che se un corpo caldo non ha tutta la perfezione del caldo, ciò avviene perché il calore non è partecipato in tutta la sua perfezione; se però il calore fosse per sé sussistente non gli potrebbe mancare nulla di ciò che forma la perfezione del calore. Ora, Dio è lo stesso essere per sé sussistente: quindi nulla gli può mancare della perfezione dell'essere. Ma le perfezioni di tutte le cose fanno parte della perfezione dell'essere, essendo le cose perfette a seconda che partecipano dell'essere in una data maniera. Dal che segue che a Dio non può mancare la perfezione di alcuna cosa" [*Summa Theol.* I, q. 4, a. 2].

INFINITÀ: "Bisogna considerare che una cosa è detta infinita perché non è finita [limitata]. Ora, in una certa maniera la materia viene a essere limitata dalla forma, e la forma dalla materia. La materia è limitata dalla forma in quanto la materia, prima di ricevere la forma, è in potenza a molte forme, ma dal momento che ne riceve una viene delimitata da quella. La forma invece è limitata dalla materia perché la forma, in sé considerata, è comune a molte cose, ma dopo che è ricevuta nella materia diventa forma soltanto di una data cosa. - Tuttavia la materia riceve la sua perfezione dalla forma che la determina: perciò l'infinito attribuito alla materia racchiude l'idea di imperfezione, essendo come una materia senza forma. La forma invece non viene perfezionata dalla materia, ma ne riceve piuttosto la restrizione della sua ampiezza illimitata: quindi l'infinito che si attribuisce alla forma non delimitata dalla materia comporta essenzialmente perfezione. Ora [...], l'essere stesso, fra tutte le cose, è quanto di più formale si possa trovare. Quindi, dato che l'essere divino non è ricevuto in un soggetto, ma Dio stesso è il suo proprio essere sussistente [...], resta provato chiaramente che Dio è infinito e perfetto" [*Summa Theol.*, I, q. 7, a. 1].

ONNIPRESENZA: "Essendo Dio l'essere stesso per essenza, bisogna che l'essere creato sia l'effetto proprio di lui, come il bruciare è l'effetto proprio del fuoco. E questo effetto Dio lo causa nelle cose non soltanto quando cominciano a esistere, ma fin tanto che perdurano nell'essere: come la luce è causata nell'aria dal sole finché l'aria rimane illuminata. Fintanto dunque che una cosa ha l'essere è necessario che Dio le sia presente in proporzione di come essa possiede l'essere. L'essere poi è ciò che nelle cose vi è di più intimo e di più profondamente radicato, poiché [...] è l'elemento formale rispetto a tutti i princìpi e i componenti che si trovano in una data realtà. Quindi necessariamente Dio è in tutte le cose, e in maniera intima" [*Summa Theol.*, I, q. 8, a. 1].

Immutabilità: Da quanto è stato precedentemente esposto si dimostra che Dio è assolutamente immutabile. [...] Infatti, tutto ciò che si muove acquista qualcosa in forza del suo movimento e arriva a ciò a cui prima non giungeva. Ora Dio, essendo infinito e racchiudendo in se stesso in modo perfetto e universale la pienezza di tutto l'essere, nulla può acquisire, né estendersi a qualcosa a cui prima non giungesse: in nessun modo quindi a lui conviene il movimento. Ecco perché, anche tra gli antichi, alcuni, quasi costretti dalla stessa verità, affermarono l'immutabilità del primo principio" [*Summa Theol.*, I q. 9 a. 1].

ETERNITÀ: "La nozione di eternità nasce dall'immutabilità nello stesso modo in cui quella di tempo deriva dal movimento, come risulta da ciò che si è detto [a. prec.]. Quindi, essendo Dio sommamente immutabile, a lui compete sommamente di essere eterno. E non è soltanto eterno, ma è anche la sua stessa eternità, mentre nessun'altra cosa è la propria durata, non essendo il proprio essere. Dio invece è il suo stesso essere uniforme, e perciò come è la sua essenza, così è [anche] la sua eternità" [*Summa Theol.* I, q. 10, a. 2].

UNITÀ: "Siccome l'uno è l'ente indiviso, perché una cosa sia massimamente una bisogna che sia e massimamente ente e massimamente indivisa. Ora, l'una e l'altra condizione si verificano in Dio. Egli infatti è massimamente ente, poiché non ha un certo essere determinato da una qualche natura alla quale sia stato unito, ma è lo stesso essere sussistente, illimitato in tutti i sensi. È poi massimamente indiviso in quanto non è divisibile secondo alcun genere di divisione, né in atto né in potenza, essendo semplice sotto tutti gli aspetti, come si è già dimostrato. È dunque evidente che Dio è sommamente uno" [Summa Theol. I, q. 11, a. 4].

BONTÀ: "Il bene è definito egregiamente da Aristotele come 'ciò che tutti desiderano'. Ora, tutte le cose desiderano di esistere nella loro piena attualità, secondo il modo loro proprio, come risulta dalla ripugnanza naturale che hanno alla distruzione; quindi l'essere in atto costituisce la ragione essenziale del bene. Per questo, dalla privazione dell'atto nella potenza consegue un male, come dimostra Aristotele.

Ma Dio è ente totalmente in atto, non potenza come si è visto sopra. Dunque è veramente buono [...]. Anzi, da questo può ricavarsi che Dio è la stessa bontà. Infatti, per qualunque cosa la pienezza dell'essere, ossia l'essere in atto, è ciò che costituisce il suo bene; ora Dio non soltanto è un ente in atto, ma è il suo stesso essere, come si è dimostrato sopra. Perciò egli non soltanto è buono, ma è la stessa bontà" [*Contra Gent.*, I cc. 37-38]

BELLEZZA: Dio non solo è bello, ma è bellissimo e supera ogni genere di bellezza creata perché come i molteplici effetti persistono nella loro causa, così Dio possiede in se stesso, in modo eccellente e prima di tutte le altre realtà, la fonte di tutta la bellezza. La bellezza gli compete sempre, perché non patisce alcuna alterazione, totalmente perché non è bello sotto alcuni aspetti e turpe sotto altri; ma è bello *simpliciter* e sotto tutti gli aspetti" [*In Div. Nom.* IV, lect. 5, 345-347]

VERITÀ: "La verità si trova nell'intelletto quando esso conosce una cosa così come essa è, e nelle cose in quanto il loro essere dice rapporto all'intelligenza. Ora, tutto ciò si trova in

Dio in sommo grado. Infatti il suo essere non solo è conforme al suo intelletto, ma è il suo stesso intendere; e il suo atto d'intellezione è la misura e la causa di ogni altro essere e di ogni altro intelletto; ed egli stesso è il suo proprio essere e la sua intellezione. Conseguentemente non soltanto in lui c'è la verità, ma egli medesimo è la stessa somma e prima verità" [*Summa Theol.*, I, q. 16, a. 5].

Non ci sono pertanto molti dubbi che l'ente la cui essenza è l'essere, l'essere sussistente, possa essere identificato con il Dio dei teisti, il quale in base all'argomento di cui qui ci siamo occupati risulta essere quindi esistente.

Bibliografia essenziale

J. Bobik, *Aquinas on Being and Essence: A Translation and Interpretation*, Notre Dame (Ind), University of Notre Dame Press, 1988

E. Feser, *Five Proofs of the Existence of God, San Francisco, Ignatius Press, 2017*

G. Kerr, *Aquinas's Way to God. The Proof in the Ente et Essentia*, Belfast, Oxford University Press, 2015

B. Mondin, *Dizionario enciclopedico del pensiero di san Tommaso d'Aquino*, Bologna, ESD, 2000

Tommaso d'Aquino, *L'ente e l'essenza – Unità dell'intelletto*, Assisi, Città Nuova, 1999

A. Virgili, *Tommaso d'Aquino spiegato a mio cugino. Introduzione (molto) elementare alla filosofia tomistica, Roma, ECV, 2018*

Annotazioni

L'Esistenza di Dio

COLLANA THOMISTICA

Piccoli libri per un grande pensatore

Questa collana si propone di accogliere testi agili e dal taglio spiccatamente divulgativo che possano contribuire ad una migliore comprensione del pensiero tomistico da parte del lettore contemporaneo

1. ADRIANO VIRGILI – Tommaso d'Aquino spiegato a mio cugino
2. ADRIANO VIRGILI – L'esistenza di Dio

PHRONESIS EDITORE

Per informazioni sui nostri libri e le nostre attività, consultate:
HTTPS://PHRONESIS.IT/